AF293957

Analyse de l'œuvre

Par Salah El Gharbi et Ariane César

Les Fausses Confidences

de Marivaux

lePetitLittéraire.fr

Rendez-vous sur lepetitlitteraire.fr et découvrez :

Plus de 1200 analyses
Claires et synthétiques
Téléchargeables en 30 secondes
À imprimer chez soi

PIERRE CARLET DE CHAMBLAIN DE MARIVAUX

DRAMATURGE ET ROMANCIER FRANÇAIS

- **Né en 1688 à Paris**
- **Décédé en 1763 dans la même ville**
- **Quelques-unes de ses œuvres :**
  - *La Double Inconstance* (1723), pièce de théâtre
  - *L'Ile des esclaves* (1725), pièce de théâtre
  - *Le Jeu de l'amour et du hasard* (1730), pièce de théâtre

Pierre Carlet de Chamblain de Marivaux entreprend des études de droit, mais n'exercera jamais. En revanche, il écrit des articles, des romans et surtout des pièces de théâtre, en particulier pour les Comédiens-Italiens entre 1720 et 1740. Parmi les plus célèbres : *La Double Inconstance, L'Ile des esclaves* et *Les Fausses Confidences* (1737).

Les jeunes gens qui peuplent ses pièces sont pris dans des aventures complexes par crainte de dévoiler leurs sentiments. Les jeux de masques auxquels ils se livrent, et l'usage qu'ils font du langage de la galanterie ont donné naissance au terme « marivaudage ».

LES FAUSSES CONFIDENCES

LE DÉVOILEMENT DE L'AMOUR

- **Genre :** pièce de théâtre (comédie)
- **Édition de référence :** *Les Fausses Confidences*, Paris, Le Livre de Poche, 2015, 163 p.
- **1re édition :** 1737
- **Thématiques :** bourgeoisie, société, apparences, amour, comédie, marivaudage

Créées en mars 1737 par les Comédiens-Italiens, *Les Fausses Confidences* constituent un tournant dans la production théâtrale de Marivaux. D'une part, c'est sa dernière grande pièce, puisqu'à partir de cette création ses comédies ne comporteront plus qu'un seul acte. D'autre part, cette comédie inaugure une esthétique nouvelle. Ainsi, avec *Les Fausses Confidences*, les détails de la vie quotidienne deviennent plus nombreux, et la part de fantaisie est réduite.

En fait, on assiste à l'embourgeoisement de

l'univers théâtral, ce qui induit, notamment, un changement du cadre de l'action : l'espace champêtre et aristocratique vaguement déterminé des comédies précédentes laisse place à l'espace urbain. L'intrigue se noue et se dénoue dans un hôtel parisien, lieu de résidence d'Araminte, le personnage principal.

RÉSUMÉ

ACTE I

Dorante, un jeune homme « bien fait » et de « bonne mine » (scène VI), mais ruiné, se présente chez Araminte, une jeune et riche veuve, pour être employé comme intendant. Pour tout le monde, il est recommandé par son oncle M. Rémy, « un procureur » qui a la charge des affaires d'Araminte. En fait, cette démarche est orchestrée par Dubois, l'un des serviteurs d'Araminte et ancien valet de Dorante, qui cherche à rapprocher sa maitresse et le jeune homme, qui en est amoureux.

Dès la première présentation (scène IV), Marton, la servante d'Araminte, est séduite par Dorante. Encouragée par M. Rémy et par l'ambigüité de l'attitude du jeune homme à son égard, elle se met vite dans la peau de la fiancée. En effet, entre Marton et Dorante, un quiproquo s'installe dès le début : Marton pense que Dorante l'aime, alors qu'en réalité il est épris d'Araminte.

L'entrée en scène d'Araminte (scène VI) complique la situation. Ayant aperçu Dorante dans le jardin, la jeune veuve tombe également sous son charme et manifeste le désir de le rencontrer. Cependant, elle ne dévoile pas clairement ses sentiments et fait croire qu'elle s'y intéresse uniquement parce qu'il lui a été recommandé par M. Rémy.

La première rencontre d'Araminte et Dorante (scène VII) consacre la parfaite entente entre les deux protagonistes. Ils se livrent à un échange de propos dans lesquels chacun cherche à exprimer l'estime qu'il a pour l'autre. Araminte, charmée, engage Dorante et met le valet Arlequin à son service (scènes VIII et IX).

Toutefois, l'apparition de Mme Argante (scène X), la mère d'Araminte, vient menacer le projet de séduction mis en place par Dubois, puisqu'elle ne semble pas apprécier la présence de Dorante en qui elle voit un obstacle pour la réalisation de son projet : marier sa fille au comte Dorimont. En effet, le comte et Araminte se disputent une terre, et Mme Argante voit dans ce mariage une opportunité d'éviter un procès perdu d'avance pour sa fille. Pourtant, rien n'y fait, Araminte défend Dorante, qui lui jure fidélité et s'emporte contre sa mère.

Malgré les précautions qu'elle prend pour dissimuler ses véritables sentiments, Araminte se trahit face à Dubois. Profitant de l'inclination naissante de la jeune femme, l'ancien valet de Dorante décide d'exacerber son désir en lui révélant la passion que le jeune intendant lui voue. Se livrant à des confidences où vérités et mensonges sont mêlés, il fait à sa maitresse le portrait d'un Dorante amoureux transi, capable de tout sacrifier pour elle (scène XIV). Touchée par le récit de Dubois, Araminte se livre à une sorte de mise à l'épreuve de Dorante pour sonder la vérité de ses sentiments envers elle (scène XV). Dubois, de son côté, tente de faire comprendre à Marton que Dorante est épris d'Araminte (scène XVII).

ACTE II

Au moment où Araminte cherche à s'assurer de la loyauté de Dorante et de la sincérité de ses sentiments (scène I), intervient M. Rémy, qui vient rechercher son neveu pour le destiner à un bon parti : une jeune et riche veuve veut épouser Dorante sur-le-champ (scène II). Lorsque Dorante décline cette supposée opportunité – celle-ci est en fait inspirée par Dubois –, cela ne fait que plaider encore un peu plus en sa faveur auprès d'Araminte. Quant à Marton, elle croit encore y voir une preuve de l'amour de Dorante pour elle-même (scène III).

Le comte Dorimont, que Mme Argante a informé de l'engagement de Dorante, se renseigne auprès de Marton : il voudrait qu'Araminte se décide à l'épouser, et que l'intendant l'amène à renoncer au procès (scène IV). L'entrée en scène du comte survient au moment où Marton intercepte un colis mystérieux qui doit être remis à Dorante. Il s'agit d'une boite contenant le portrait d'une dame. Marton pense alors que Dorante a fait peindre son portrait et qu'il veut le lui offrir (scène V à VIII).

La découverte de la véritable identité de la personne représentée sur le portrait, qui n'est autre qu'Araminte, en la présence de Mme Argante, représente alors un coup dur pour le clan anti-Dorante (scène IX). De fait, ourdie par Dubois, cette scène révèle à tous, et d'une manière probante, le scandale de l'amour de Dorante pour sa maitresse, mettant cette dernière dans l'embarras. À travers cette manœuvre, Dubois cherche à soumettre sa maitresse à l'épreuve de la vérité.

La querelle entre Dubois et Arlequin (scène X), à propos d'un portrait d'Araminte que Dubois a voulu décrocher des appartements de Dorante, témoigne publiquement de l'intensité des sentiments de Dorante, accentue le désarroi d'Araminte, la mettant dans une situation de conflit avec sa mère et le comte. En effet, on apprend de la bouche d'Arlequin que Dorante apprécie beaucoup ce tableau et « l'avait contemplé de ton son cœur » (*ibid.*). Mais, tandis que Mme Argante exige de sa fille qu'elle renvoie Dorante, le comte capitule et abandonne l'idée d'un procès (scène XI).

La deuxième fausse confidence de Dubois (scène XII) achève la jeune femme, la poussant à réagir en amenant Dorante à se déclarer. Au cours de deux tête-à-tête (scènes XIII et XV) avec Dorante, lequel n'est pas informé par Dubois de l'évolution des sentiments d'Araminte pour lui, la jeune femme se livre à une sorte d'interrogatoire poussant le jeune intendant à avouer directement sa passion pour elle. D'ailleurs, assailli de questions, Dorante tombe à genoux devant sa maitresse, au grand dam de Marton, qui fait une entrée inopinée. Dorante ne sera pas renvoyé, malgré le doute qui semble encore planer à la fin ce deuxième acte (scènes XVI et XVII).

ACTE III

Pour mieux resserrer l'étau autour d'Araminte et la pousser à admettre publiquement sa passion pour son intendant, Dubois a recours à un nouveau stratagème. Il fait intercepter par Marton une lettre que Dorante a écrite à un ami et qui exprime son désespoir ainsi que son désir de s'exiler après la découverte de sa passion pour la jeune veuve (scènes I à III).

Alors que Mme Argante, épaulée par le comte, cherche par tous les moyens à se débarrasser de Dorante, âprement défendu par Araminte, Marton, de son côté, prend connaissance de la lettre qu'elle a interceptée (scènes IV à VI). Elle entre alors en scène et remet la lettre au comte. Lue en présence de tout le monde, cette lettre produit l'effet escompté. Non seulement sa lecture contribue à l'éclatement des duos (Araminte-Marton, Mme Argante-M. Rémy, Araminte-le comte), mais elle aggrave aussi le trouble de la jeune veuve, car ces mots sonnent comme un second aveu (scène VIII).

Ébranlée par toute cette histoire, Araminte congédie tout le monde et reste seule. Entre alors Dubois (scène IX). Lorsqu'elle apprend de sa bouche qu'il est à l'origine de toutes ces manigances, furieuse, elle le renvoie.

Suite à ce stratagème, le clan anti-Dorante vole en éclats, et le dénouement de l'intrigue s'amorce. Marton change de camp et se réconcilie avec sa maitresse (scène X). Malgré l'hostilité de sa mère, Araminte suit ses sentiments, et c'est au cours d'un dernier tête-à-tête entre elle et Dorante que l'on assiste à une déclaration d'amour réciproque consacrant le lien entre les deux personnages (scène XII). Enfin, le comte, qui a tout compris, se désiste (scène XIII).

ÉTUDE DES PERSONNAGES

LES DEUX AMOUREUX

Depuis la réouverture du Théâtre-Italien (1716), Marivaux y fait jouer ses comédies. L'auteur se plait particulièrement à peindre et analyser la conquête amoureuse, mettant en scène le couple d'amoureux traditionnel de la comédie des masques (*commedia dell'arte*), sous les traits d'Araminte et Dorante dans *Les Fausses Confidences*.

Araminte

Araminte est une jeune veuve fortunée et indépendante. Son mari « avait une grande charge dans les finances » et lui a laissé « plus de cinquante mille livres de rente » (acte I, scène II). Elle n'a que faire des conventions dues à son rang et de l'autorité d'une mère qui s'emporte lorsqu'elle sent compromis son dessein de marier Araminte à un homme distingué, le comte

Dorimont (acte I, scène X). Dès l'acte I, elle confie à Dorante : « Il est vrai que je suis toujours fâchée de voir d'honnêtes gens sans fortune, tandis qu'une infinité de gens de rien, et sans mérite, en ont une éclatante ; c'est une chose qui me blesse. » (scène VII)

Elle est donc un personnage moderne pour l'époque : Les Lumières prônaient en effet l'égalité des classes sociales. Ainsi, Araminte ne se mariera pas pour arranger ses affaires, mais elle choisira son compagnon par amour.

Elle incarne, tout au long de la pièce, l'amour indécis que se plaisait à peindre Marivaux dans ses comédies, « un amour à demi-né pour ainsi dire, dont les amoureux se doutent sans en être bien sûrs et qu'ils épient au-dedans d'eux-mêmes avant de lui laisser prendre l'essor » (D'ALEMBERT J., « Éloge de Marivaux », in *Œuvres de d'Alembert*, t. III, Paris, Martin Bossange, 1821, p. 584). La jeune veuve est, en effet, partagée entre sentiments et raison : elle ne peut se résoudre à épouser le comte, mais sa raison et les convenances lui dictent d'accepter son offre (« Je l'affligerai beaucoup, et j'ai de la peine à m'y résoudre », acte II, scène II).

Est-elle indécise, versatile ou admirablement manipulée par Dubois ? Tout au long de la pièce, on la voit tiraillée par des sentiments contradictoires envers Dorante. Tantôt elle le met durement à l'épreuve et le presse de questions (acte II, scène XV), tantôt elle est prête à tout pardonner (« Ce que vous avez fait pour gagner mon cœur n'est point blâmable », acte III, scène XII) ; tantôt elle défend Dorante et s'oppose à la volonté de Mme Argante (« Ne vous embarrassez point, vous me convenez », acte I, scène XII), tantôt elle n'est pas sure de vouloir le garder comme intendant (« Il n'y a rien de résolu là-dessus », acte I, scène XV) ou le chasse sans ménagement : « Elle vous a vu, vous dis-je ; laissez-moi, allez-vous-en : vous m'êtes insupportable. » (acte II, scène X)

Dorante

Dorante est un jeune homme d'une trentaine d'années, issu de bonne famille : son père était avocat, et il est le neveu et l'héritier de M. Rémy, qui le propose comme intendant à Araminte. Il est plaisant à voir : il a « bonne mine » (acte I, scène VI) et est élégant (« Cet homme qui vient de me saluer si gracieusement », acte I, scène VI).

Malgré les quiproquos et les mensonges où l'embarque Dubois, il est sincère et ne veut pas être malhonnête envers Araminte. Ainsi, à la fin de la pièce (acte III, scène XII), il finit par avouer à Araminte tout le stratagème mis en œuvre par Dubois et lui pour la séduire. En agissant de la sorte, il sait pourtant qu'il risque de perdre celle qu'il aime.

Il incarne l'amour timide, une autre facette des comédies psychologiques de Marivaux. C'est un amour qui n'ose pas se déclarer, mais qui le rend malade : « Je l'aime avec passion ; et c'est ce qui fait que je tremble. » (acte I, scène II) Maladroit, il tente de plaire à Araminte en lui étant agréable et en se rangeant à ses côtés. Ainsi, il défend sa cause auprès de Mme Argante (acte I, scène X) et la conseille : « C'est que si, dans votre procès, vous avez le bon droit de votre côté, on souhaite que je vous dise le contraire, afin de vous engager plus vite à ce mariage ; et j'ai prié qu'on m'en dispensât. » (acte I, scène XII)

Ensuite, il refuse la proposition de M. Rémy d'épouser « une dame de trente-cinq ans, qu'on dit jolie femme, estimable, et de quelque distinction » (acte II, scène II) parce que son cœur est déjà pris. Mais, à aucun moment dans la pièce, il n'ose avouer ses sentiments à Araminte. Il faudra attendre la scène XII de l'acte III pour qu'il fasse ses aveux : « Il n'y a rien de vrai que ma passion, qui est infinie, et que le portrait que j'ai fait. »

Sa situation financière n'est pas étrangère à sa timidité. La précarité de son statut l'empêche de croire en lui-même et de prendre son destin entre ses mains : « Tu crois qu'elle fera quelque attention à moi, que je l'épouserai, moi qui ne suis rien, moi qui n'ai point de bien ? » (acte I, scène II) C'est pourquoi il se laisse aisément manipuler par Dubois et se soumet à la farce que son ami met en place pour séduire Araminte.

DUBOIS

Les Fausses Confidences font de Dubois un meneur de jeu virtuose. Omniprésent et omniscient, il occupe le statut de metteur en scène : c'est lui qui orchestre l'action. Il se présente comme un véritable sujet bénéficiant de toutes les modalités : le vouloir, le savoir et le pouvoir (« Je m'en charge, je le veux, je l'ai mis là » [acte I, scène II] ; « Je connais l'humeur de ma maitresse [...] je vous conduis » [acte II, scène XVI]). D'ailleurs, la structure de la pièce se confond avec le plan que le serviteur met en place.

Contrairement à Arlequin, Dubois jouit d'une certaine maitrise du langage qui lui permet de manipuler tout le monde. Son art du récit et sa capacité à jongler avec les différents registres du langage sont à l'origine de son triomphe (voir sa manière de matérialiser l'amour de son ancien maitre : « ruine », « coupe la gorge » [acte I, scène XIV]). Chez lui, cette volonté d'orienter les actions des autres personnages trahit son aspiration à échapper à sa condition, à ne plus être un serviteur, ce qui fait de lui un personnage subversif dans la mesure où il constitue une menace pour l'ordre établi.

M. RÉMY

Personnage complexe, M. Rémy apparait mesquin avec son opportunisme, son sens de l'argent et ses arguments chiffrés même quand il s'agit de mariage. Il se distingue par son langage cru et direct. Il est l'opposé de Mme Argante, ne renie pas sa classe et assume sa roture face au comte.

Mme ARGANTE

Mme Argante est une « femme brusque et vaine »
(acte I, scène X). Elle incarne la bourgeoisie
conservatrice. Esclave de ses préjugés et de son
conformisme social, elle est incapable de s'adap-
ter à l'évolution de son époque. Elle est à l'image
des autres Mmes Argante – celles de *L'École des
mères* (1732) et de *La Mère confidente* (1735) –,
dotée d'une conception erronée du mariage, qui
ne tient pas compte de l'inclination personnelle
de sa fille.

LE COMTE

Le comte représente une noblesse en déclin,
réduite à rechercher des alliances avec la bourgeoisie. Il se trouve dans une situation de rivalité
avec un intendant. Comme le valet Dubois, pour
parvenir à ses fins, il a recours à l'intrigue. Mais
Marivaux n'est pas Beaumarchais (dramaturge
français, 1732-1799) : à la fin de la pièce, il offre
au comte l'occasion de se racheter, puisque ce
dernier se retire noblement après sa défaite face
à Dorante.

MARTON

Elle a un statut conventionnel : celui de la servante intégrée à la vie de la famille qu'elle sert. Contrairement à Dubois, elle est attachée sentimentalement à sa maitresse, ce qui diminue son champ d'action. Mais il y a tout de même chez elle une aspiration à l'indépendance, et à améliorer sa condition matérielle et sociale. Cette tendance explique son attachement rapide à Dorante et le zèle qu'elle manifeste à servir les intérêts du comte.

ARLEQUIN

Avec *Les Fausses Confidences*, on assiste à l'effacement du personnage d'Arlequin. On est loin de l'impertinence du campagnard naïf de *La Double Inconstance*. Dans cette pièce, on a plutôt affaire à un balourd qui boit. Décalé par rapport au monde réel, ne maitrisant pas le discours, il est réduit à n'être qu'un valet de comédie.

CLÉS DE LECTURE

UNE COMÉDIE SOCIALE

« Corriger les mœurs par le rire »

En France, le XVIIIe siècle est marqué par les règnes successifs de Louis XIV (1638-1715), Louis XV (1710-1774) et Louis XVI (1754-1793). C'est un siècle difficile pour le peuple, tant la noblesse, la bourgeoisie et le clergé détiennent les richesses et le pouvoir, tandis que lui, démuni, meurt de faim et de froid.

La France connait en effet plusieurs hivers extrêmement froids (petite ère glaciaire), entrecoupés d'années de sècheresses et de famines, auxquels viennent s'ajouter de grandes épidémies (peste en 1720-1721, variole en 1772-1773, typhus en 1776, etc.). En sus des inégalités sociales surgissent aussi les questions de privation de liberté et d'intolérance liées à l'esclavage et à la persécution des protestants.

C'est dans ce contexte que naissent les Lumières,

mouvement philosophique luttant contre l'oppression, l'injustice, les préjugés et le fanatisme religieux. Des auteurs tels que Montesquieu (1689-1755) ou Voltaire (1694-1778) deviennent alors les porte-paroles d'un peuple souhaitant plus de libertés, d'humanité et de tolérance. Combattant principalement les privilèges du clergé et de la noblesse, ils parviennent à inverser les croyances sur l'ordre social et amorcent ainsi la voie vers la Révolution (1789).

Dans le même temps, les auteurs de comédies se nourrissent de ce contexte social difficile, et le célèbre vers d'Horace (poète latin, 65 av. J.-C.-8 av. J.-C.), « *Castigat ridendo mores* » (« On corrige les mœurs par le rire »), devient le leitmotiv de dramaturges comme Marivaux. Mais alors que les personnages de Molière (1622-1673) caricaturaient les comportements et les mœurs de ses contemporains, ceux de Marivaux traduisent davantage une volonté de faire valoir les libertés personnelles : le bonheur de l'individu prime sur les conventions liées aux classes sociales.

On voit alors des bourgeois désargentés devenir domestiques (Dorante, ruiné, se met au service d'Araminte et il est proposé en mariage à Marton), des valets devenir maitre et des bourgeois épouser des nobles (Dorante finit par épouser Araminte). Marivaux nous offre donc le miroir de classes sociales en pleine mutation : si Mme Argante tient à son rang, le comte ne semble pas être pour le moins choqué par l'amour que porte Araminte à Dorante.

Désir et argent

Contrairement aux autres comédies d'amour de Marivaux, dans lesquelles les personnages, souvent de jeunes aristocrates, sont situés dans des univers socialement flous, *Les Fausses Confidences* est une pièce très marquée sociologiquement. En fait, elle nous décrit une société en pleine mutation, celle du XVIIIe siècle, où les barrières sociales se caractérisent par leur perméabilité. Dorante peut épouser aussi bien Marton, la servante, que sa maitresse Araminte.

De même, cette comédie témoigne de l'importance de l'argent. Non seulement les données chiffrées sont nombreuses, mais en plus l'argent apparait comme une valeur dominante : « Quand il ne parle pas, il est le maitre », affirme Dubois (acte I, scène II). Opposé aux sentiments, l'argent oriente les actions de tous les personnages, toutes classes confondues, et devient un ressort dramatique.

Ainsi, *Les Fausses Confidences* se distinguent des précédentes pièces de Marivaux par une thématique nouvelle, celle de l'argent comme obstacle à la réalisation du désir amoureux et, par conséquent, du réel décalage social qui existe entre les deux amoureux. Que se passe-t-il quand on tombe amoureux d'un individu appartenant à une autre sphère sociale ? C'est à cette question que la pièce cherche à répondre d'une manière ambigüe.

À priori, cette comédie plaide en faveur du mérite individuel. Elle défend les qualités personnelles contre les valeurs erronées de naissance, d'apparence et de respectabilité. En effet, cette pièce consacre le triomphe du sentiment, incarné par le trio que forment Dubois, Araminte et Dorante, contre l'argent. Elle dénonce, à travers Mme Argante, une certaine conception du mariage et une morale de la contrainte, pour mieux réhabiliter la notion de plaisir, qui doit dominer les intérêts. Selon Marivaux, la vocation d'un être est de découvrir la voie de son bonheur,

un amour sage qui concilie les aspirations indivi-
duelles et les exigences du groupe.

Cependant, et malgré le dénouement heureux qui consacre le triomphe des sentiments, le doute subsiste, tout au long de la pièce, quant aux motivations du jeune intendant. Qu'est-ce qui pousse Dorante vers Araminte ? Est-ce le désir ou l'argent ?

Même si Marivaux multiplie les indices pour prouver le caractère désintéressé et sincère de la démarche du jeune homme, l'attitude de Dubois et ses propos (« Ah ! oui ; vous parlez de ce regard que je lui vis jeter sur elle. [...] Cette œillade-là ne valait rien », acte III, scène II) tendent à jeter la suspicion sur l'authenticité des sentiments de Dorante.

ENTRE ÊTRE ET PARAITRE

Comme l'ensemble des pièces de Marivaux, *Les Fausses Confidences* rendent compte du chemine-ment de la passion et nous décrivent l'évolution psychologique du personnage central, Araminte, depuis l'excitation visuelle – quand elle aperçoit Dorante pour la première fois –, jusqu'à l'aveu final. La pièce met en scène le dévoilement graduel de l'amour de la jeune veuve pour son intendant.

Et si ce processus aboutit, c'est grâce à l'action menée par Dubois, qui consiste à exacerber le désir d'Araminte, à le nourrir et à le faire admettre aussi bien par l'intéressée que par le groupe qui l'entoure. Pour y parvenir, le valet ne lésine pas sur les moyens. La manipulation passe par le mensonge, mais aussi par le recours à des objets-témoins tels que le portrait, le billet et la lettre. Ces derniers jouent un rôle important dans la progression et le dénouement de l'intrigue, puisqu'ils permettent peu à peu de faire advenir ce qui est derrière ce qui parait :

- le portrait d'Araminte que Dorante a peint et qu'un garçon remet à Marton (acte II, scène VII) lève le voile sur un premier mensonge. Dorante ne veut pas épouser Marton (« Je conclus donc que c'est moi qu'il a fait peindre. Ai-je eu tort ? J'ai pourtant mal conclu », acte II, scène IX). Cet épisode fait aussi lever quelques doutes chez Araminte (« Et moi, je vois clair », acte II, scène IX) et chez le comte (« Eh ! je m'en doutais, c'est Madame », acte II, scène IX) ;

- le billet qu'Araminte demande à Dorante de rédiger pour le comte (acte II, scène XIII) a un double rôle. D'une part, il doit permettre à Araminte de vérifier si, comme Dubois le prétend, Dorante l'aime vraiment. Elle n'en doute plus en voyant les réactions du jeune homme (« Il souffre, mais il ne dit mot ; est-ce qu'il ne parlera pas ? », *ibid.*). D'autre part, Dorante, malgré le malaise qui l'habite, commence à comprendre qu'il est peut-être temps de donner quelques explications à Araminte. C'est là tout le propos de la scène XV, où il avoue ne pas aimer Marton ;
- la lettre remise à Marton à l'acte III est le dernier stratagème mis en place par Dubois et Dorante. Lue devant tous les personnages à la scène VIII, elle amorce le dénouement de l'intrigue, qui résonne dans la bouche du comte (« L'éclaircissement m'en paraît complet »).

En fait, dans cette comédie, c'est le masque qui est le moteur de l'action. Tous les personnages avancent masqués, cachant leurs véritables intentions. Tout le monde ment. Dorante, piégé par le stratagème de Dubois, ment à son oncle et à Marton, laissant la servante s'imaginer qu'il va l'épouser. Araminte se ment à elle-même en refusant de reconnaitre qu'elle aime Dorante. Mais la palme revient à Dubois, qui invente mensonge sur mensonge pour qu'Araminte et Dorante confient leur amour l'un pour l'autre.

Paradoxalement, c'est ce jeu de dissimulation qui va permettre aux personnages principaux d'évoluer pour aller à la découverte d'eux-mêmes et accéder ainsi à la vérité. Le cheminement d'Araminte vers la sincérité, comme celui de Dorante, doit passer par la mauvaise foi, les dérobades et les mensonges, de sorte que l'action réside dans le dépassement du décalage qui existe entre l'être et le paraitre, entre le sentiment et l'expression.

Marivaux, dans ses comédies (*La Surprise de l'amour* [1722] ; *Le Jeu de l'amour et du hasard* ; *L'Heureux Stratagème* [1733] ; *L'Épreuve* [1740], etc.), se plaisait, en effet, à traiter le thème amoureux sous ses différentes facettes : amour naissant, amour timide, amour contrarié ou incertain, etc. L'intrigue de ses comédies sentimentales tourne autour d'un thème récurrent : des amours contrariés qui aboutissent à un heureux dénouement après bon nombre de manipulations, mensonges et quiproquos. La particularité de Marivaux réside dans le fait que les amants sont la propre cause de leurs tourments : ils ne peuvent se défaire de leurs croyances et des préjugés liés à leur classe sociale.

Ainsi, Dorante n'ose se déclarer, car il est ruiné, et Araminte, malgré son caractère indépendant, est tiraillée entre la passion et la raison : va-t-elle se laisser porter par ses sentiments et reconnaitre qu'elle aime Dorante ? Ou, au contraire, suivra-t-elle ce que son rang lui dicte, à savoir épouser le comte ? Chaque personnage offre l'occasion de sonder le cœur humain dans sa complexité. En somme, l'authenticité est ici le fruit d'un combat contre soi, contre l'amour-propre et contre les préjugés.

L'ÉCRITURE MARIVAUDIENNE

Un théâtre comique

Le comique chez Marivaux se joue à différents niveaux : un comique de premier degré dans la tradition de la *commedia dell'arte* (personnages caricaturés, débordements ridicules, etc.) côtoie un comique plus fin tenant aux situations embrouillées que créent les personnages eux-mêmes et provoquant davantage un sourire complice qu'un rire moqueur.

On y retrouve différents types de comiques communs à la comédie.

Le comique de mots. Dans la tradition de la *commedia dell'arte*, le comique de mots est généralement induit par la répétition, l'intonation, l'exagération ou le jeu de mots. Chez Marivaux l'approche est plus fine, et c'est davantage une réplique entière ou un mot qui fait rire par son caractère impromptu ou déstabilisant. On citera, par exemple, la question d'Arlequin à Dorante, quand le premier apprend qu'il sera désormais au service de ce dernier, tout en restant payé par Araminte (acte I, scène IX) :

> « ARLEQUIN – Un moment ; avec votre permission, monsieur, ne payerez-vous rien ? Vous a-t-on donné ordre d'être servi gratis ?
> (*Dorante rit.*) »

Le comique de situation. La situation de l'un ou l'autre personnage provoque le rire lorsqu'elle est inhabituelle, insolite. Dans le comique de situation, on regroupe notamment des procédés tels que le quiproquo, le revirement de situation, le contraste ou opposition :

- le quiproquo. Le personnage se trouve en situation de méprise sur une personne, un évènement ou un fait. Ainsi, dès le début de la pièce, le lecteur sait que Dorante aime Araminte, mais un quiproquo s'installe rapidement avec l'entrée en scène de M. Rémy, qui voit déjà son neveu épouser Marton. Le comique est induit par les réactions opposées des personnages. Dorante est mal à l'aise – car obligé de mentir, tandis que Marton et M. Rémy se réjouissent (acte I, scène IV) :

> « MONSIEUR RÉMY – On ne prend pas garde à tout. Savez-vous ce qu'il me dit la première fois qu'il vous vit ? "Quelle est cette jolie fille-là ?" (*Marton sourit.*) Approchez, mon neveu. Mademoiselle, votre père et le sien s'aimaient beaucoup ; pourquoi les enfants ne s'aimeraient-ils pas ? En voilà un qui ne demande pas mieux : c'est un cœur qui se présente bien.
> DORANTE, *embarrassé* – Il n'y a rien là de difficile à croire. »

- le revirement de situation. Une situation qui semble devoir aller dans un sens finit par en changer. Dans cette comédie, le revirement de situation le plus flagrant se produit lors de la scène où Araminte ouvre la boite qui contient son portrait (acte II, scène IX) :

> « MARTON – Je n'ai pas encore ouvert la boite, mais c'est moi que vous y allez voir. (*Araminte l'ouvre, tous regardent.*)
> LE COMTE – Eh ! je m'en doutais bien, c'est madame.
> MARTON – Madame !... Il est vrai, et me voilà bien loin de mon compte ! (*À part.*) Dubois avait raison tantôt.
> ARAMINTE, *à part* – Et moi, je vois clair. »

- le contraste. Les personnages s'opposent pour mettre en évidence leurs traits de caractère. À plusieurs reprises, le tempérament autoritaire et intransigeant de Mme Argante est ainsi opposé à la douceur et la sollicitude de sa fille Araminte, notamment à la scène VII de l'acte III, à propos de Dorante.

Le comique de mœurs. Marivaux s'attaque aux mœurs de son temps, visant en particulier l'attachement de la noblesse à son titre et ses privilèges. C'est en la personne de Mme Argante que se traduit le mieux cette critique :

> « MADAME ARGANTE – [...] Madame la comtesse Dorimont aurait un rang si élevé, irait de pair avec des personnes d'une si grande distinction, qu'il me tarde de voir ce mariage conclu ; et, je l'avoue, je serai charmée moi-même d'être la mère de madame la comtesse Dorimont, et de plus que cela peut-être ; car M. le comte Dorimont est en passe d'aller à tout. » (acte I, scène X)

Le comique de gestes. Le comique de gestes se retrouve dans le jeu de scène de l'acteur : exagérations, gestes déplacés ou inadéquats par rapport à la situation, etc. On retient, par exemple, la réaction disproportionnée du valet Arlequin lorsqu'il apprend de sa maitresse qu'il servira Dorante et réagit avec excès (acte I, scène VIII) : « ARLEQUIN, *comme pleurant* – Je ne sais pas pourquoi madame me donne mon congé ; je n'ai pas mérité ce traitement : je l'ai toujours servie à faire plaisir. »

Le comique de caractère. Marivaux utilise la caricature pour charger certains traits physiques ou moraux d'un personnage comme c'est le cas pour Arlequin, le valet quelque peu niais, fripon et bouffon de la troupe des Comédiens-Italiens, adepte des pirouettes, volontiers bagarreur et souvent représenté une bouteille à la main (acte I, scène IX ; acte II, scène X).

Le marivaudage

Le marivaudage désigne dans un premier temps le style précieux de Marivaux. Puis, sa signification évolue pour désigner aussi l'analyse particulièrement fine du sentiment amoureux, tel qu'il se révèle au fil des confidences faites par les amants.

En effet, avec Marivaux, la comédie entre dans un nouveau registre. Il ne s'agit plus de créer une comédie d'intrigue où les amours contrariées se dénouent dans le burlesque et la farce comme le fait Molière, mais d'adopter un langage propre à dévoiler la psychologie des personnages et le sentiment amoureux qui les anime.

Marivaux va donc se passer du langage cru et vulgaire en usage à l'époque dans la comédie, pour revenir à la langue subtile et raffinée du mouvement précieux, en vogue dans les salons mondains. Ces salons, qui s'étaient développés dans la première moitié du XVIIe siècle, étaient tenus par des femmes (Madeleine de Scudery [femme de lettres française, 1607-1701], Catherine de Rambouillet [1588-1665], etc.) – les Précieuses – qui réunissaient les écrivains, les hommes de lettres, les artistes et les scientifiques.

Cette préciosité, qui atteint son apogée entre 1650 et 1660, Marivaux, qui fréquente le salon de Madame Geoffrin [1699-1777] à la rue Saint-Honoré, s'en inspire. D'une part, il en reprend les valeurs courtoises, l'amour galant et y ajoute le mélange des registres – les valets ont un vocabulaire familier et les nobles s'expriment avec raffinement – et une analyse aigüe de la psychologie de ses personnages, en particulier des femmes. Les valeurs courtoises et l'amour galant s'expriment par exemple dans le profond respect de Dorante pour Araminte :

> « DORANTE – [...] Tous les incidents qui sont arrivés partent de l'industrie d'un domestique qui savait mon amour, qui m'en plaint, qui, par le charme de l'espérance, du plaisir de vous voir, m'a, pour ainsi dire, forcé de consentir à son stratagème ; il voulait me faire valoir auprès de vous. Voilà, madame, ce que mon respect, mon

amour et mon caractère ne me permettent pas de vous cacher. J'aime encore mieux regretter votre tendresse que de la devoir à l'artifice qui me l'a acquise. J'aime mieux votre haine que le remords d'avoir trompé ce que j'adore. (acte III, scène XII)

En outre, les didascalies et répliques en aparté renforcent l'analyse en exposant les fluctuations des états d'âme et les émotions des personnages.

« ARAMINTE – Vous ne m'écoutez donc pas : "Votre mariage est sûr ; madame veut que je vous l'écrive, et vous attend pour vous le dire." (*À part.*) Il souffre, mais il ne dit mot ; est-ce qu'il ne parlera pas ? "N'attribuez point cette résolution à la crainte que madame pourrait avoir des suites d'un procès douteux." » (acte II, scène XIII)

D'autre part, il enrichit son discours avec des figures de style recherchées, voire des néologismes : sa langue est travaillée et raffinée. On peut relever, par exemple, l'utilisation de métaphores (Dorante est qualifié de « berger fidèle », acte II, scène II), de litotes (« Araminte ne me hait pas », acte II, scène IV), d'hyperboles (« Le cœur d'une femme est bien étonnant ! Le feu y prend bien vite ! », acte II, scène III), etc.

Marivaux produit un genre unique pour l'époque : une écriture soignée, un vocabulaire tantôt populaire tantôt précieux, une analyse délicate et approfondie du sentiment amoureux et des tourments que fait naitre la passion. Un style nouveau est né. On le nomme marivaudage, du nom de l'auteur. La signification de ce néologisme évolue au cours du XVIIIe siècle et prend une connotation plutôt dépréciative, pour exprimer le badinage amoureux. Depuis le XIXe siècle, qui a remis le marivaudage à la mode, le terme évoque le dialogue spirituel et superficiel, les propos galants.

PISTES DE RÉFLEXION

QUELQUES QUESTIONS POUR APPROFONDIR SA RÉFLEXION...

- Expliquez le titre de la pièce.
- Qu'est-ce qui distingue Araminte des autres héroïnes de Marivaux ?
- En quoi Dorante incarne-t-il par excellence le héros romanesque ?
- Quelle est la place d'Arlequin dans cette pièce comparativement aux autres pièces de Marivaux ?
- Dans quelle mesure peut-on dire que Dubois est un personnage subversif ? Pour vous aider à répondre, comparez ce personnage avec celui de Figaro dans *Le Barbier de Séville* (1775) de Beaumarchais.
- Qu'est-ce qui fait de cette pièce une comédie ?
- Qu'est-ce que le marivaudage ? Citez des exemples tirés des *Fausses Confidences*.
- Quel est le moteur de l'action dans cette pièce ? En est-il de même dans les autres pièces de Marivaux, notamment dans *Le Jeu de*

l'amour et du hasard ?

- En quoi cette œuvre est-elle le reflet de la société du XVIIIe siècle ?
- Cette pièce développe-t-elle des thèmes qui sont, selon vous, toujours d'actualité ?

Votre avis nous intéresse !
Laissez un commentaire sur le site de votre librairie en ligne
et partagez vos coups de cœur sur les réseaux sociaux !

POUR ALLER PLUS LOIN

ÉDITION DE RÉFÉRENCE

- MARIVAUX, *Les Fausses Confidences*, Paris, Le Livre de Poche, 2015, 163 p.

ÉTUDES DE RÉFÉRENCE

- DEGAINE A., *Histoire du théâtre dessinée*, Saint Genouph, Nizet, 2008.
- LAGARDE A. et MICHARD L., *XVIIe siècle. Les grands auteurs français de programme*, vol. III, Paris, Bordas, 1964.
- CUYLEN P., *Parcours et références. Théâtre et textes d'idées, 3e/ 4e secondaire*, Bruxelles, De Boeck, 2004.
- POLET J.-C., *Parcours dans le patrimoine littéraire européen. Introduction à l'anthologie*, Bruxelles, De Boeck, 2010.
- DELOFFRE F., *Une nouvelle préciosité : Marivaux et le marivaudage*, Genève, Slatkine, 2009.
- SAUVY A., *Théâtre et société au XVIIIe siècle*, in *Annales. Économies, Sociétés, Civilisations*, vol. XVI, n 3, 1961, p. 535-544.

SUR LEPETITLITTÉRAIRE.FR

- Commentaire de la scène XI de l'acte II de *La Double Inconstance* de Marivaux.
- Commentaire de la scène III de l'acte II du *Jeu de l'amour et du hasard* de Marivaux.
- Fiche de lecture sur *La Dispute* de Marivaux.
- Fiche de lecture sur *La Double Inconstance*.
- Fiche de lecture sur *La Fausse Suivante* de Marivaux.
- Fiche de lecture sur *Le Jeu de l'amour et du hasard*.
- Fiche de lecture sur *Les Acteurs de bonne foi* de Marivaux.
- Fiche de lecture sur *L'Ile des esclaves* de Marivaux.
- Questionnaire de lecture sur *La Dispute*.
- Questionnaire de lecture sur *La Double Inconstance*.
- Questionnaire de lecture sur *Les Fausses Confidences* de Marivaux.

Retrouvez notre offre complète sur lePetitLittéraire.fr

- des fiches de lectures
- des commentaires littéraires
- des questionnaires de lecture
- des résumés

ANOUILH
- Antigone

AUSTEN
- Orgueil et Préjugés

BALZAC
- Eugénie Grandet
- Le Père Goriot
- Illusions perdues

BARJAVEL
- La Nuit des temps

BEAUMARCHAIS
- Le Mariage de Figaro

BECKETT
- En attendant Godot

BRETON
- Nadja

CAMUS
- La Peste
- Les Justes
- L'Étranger

CARRÈRE
- Limonov

CÉLINE
- Voyage au bout de la nuit

CERVANTÈS
- Don Quichotte de la Manche

CHATEAUBRIAND
- Mémoires d'outre-tombe

CHODERLOS DE LACLOS
- Les Liaisons dangereuses

CHRÉTIEN DE TROYES
- Yvain ou le Chevalier au lion

CHRISTIE
- Dix Petits Nègres

CLAUDEL
- La Petite Fille de Monsieur Linh
- Le Rapport de Brodeck

COELHO
- L'Alchimiste

CONAN DOYLE
- Le Chien des Baskerville

DAI SIJIE
- Balzac et la Petite Tailleuse chinoise

DE GAULLE
- Mémoires de guerre III. Le Salut. 1944-1946

DE VIGAN
- No et moi

DICKER
- La Vérité sur l'affaire Harry Quebert

DIDEROT
- Supplément au Voyage de Bougainville

DUMAS
- Les Trois
  Mousquetaires

ÉNARD
- Parlez-leur
  de batailles,
  de rois et
  d'éléphants

FERRARI
- Le Sermon sur la
  chute de Rome

FLAUBERT
- Madame Bovary

FRANK
- Journal
  d'Anne Frank

FRED VARGAS
- Pars vite et
  reviens tard

GARY
- La Vie devant soi

GAUDÉ
- La Mort du
  roi Tsongor
- Le Soleil des
  Scorta

GAUTIER
- La Morte
  amoureuse
- Le Capitaine
  Fracasse

GAVALDA
- 35 kilos d'espoir

GIDE
- Les
  Faux-Monnayeurs

GIONO
- Le Grand
  Troupeau
- Le Hussard
  sur le toit

GIRAUDOUX
- La guerre de
  Troie
  n'aura pas lieu

GOLDING
- Sa Majesté des
  Mouches

GRIMBERT
- Un secret

HEMINGWAY
- Le Vieil Homme
  et la Mer

HESSEL
- Indignez-vous !

HOMÈRE
- L'Odyssée

HUGO
- Le Dernier Jour
  d'un condamné
- Les Misérables
- Notre-Dame
  de Paris

HUXLEY
- Le Meilleur
  des mondes

IONESCO
- Rhinocéros
- La Cantatrice
  chauve

JARY
- Ubu roi

JENNI
- L'Art français
  de la guerre

JOFFO
- Un sac de billes

KAFKA
- La Métamorphose

KEROUAC
- Sur la route

KESSEL
- Le Lion

LARSSON
- Millenium I. Les
  hommes qui
  n'aimaient pas
  les femmes

LE CLÉZIO
- Mondo

LEVI
- Si c'est un
  homme

LEVY
- Et si c'était vrai...

MAALOUF
- Léon l'Africain

MALRAUX
- La Condition humaine

MARIVAUX
- La Double Inconstance
- Le Jeu de l'amour et du hasard

MARTINEZ
- Du domaine des murmures

MAUPASSANT
- Boule de suif
- Le Horla
- Une vie

MAURIAC
- Le Nœud de vipères

MAURIAC
- Le Sagouin

MÉRIMÉE
- Tamango
- Colomba

MERLE
- La mort est mon métier

MOLIÈRE
- Le Misanthrope
- L'Avare
- Le Bourgeois gentilhomme

MONTAIGNE
- Essais

MORPURGO
- Le Roi Arthur

MUSSET
- Lorenzaccio

MUSSO
- Que serais-je sans toi ?

NOTHOMB
- Stupeur et Tremblements

ORWELL
- La Ferme des animaux
- 1984

PAGNOL
- La Gloire de mon père

PANCOL
- Les Yeux jaunes des crocodiles

PASCAL
- Pensées

PENNAC
- Au bonheur des ogres

POE
- La Chute de la maison Usher

PROUST
- Du côté de chez Swann

QUENEAU
- Zazie dans le métro

QUIGNARD
- Tous les matins du monde

RABELAIS
- Gargantua

RACINE
- Andromaque
- Britannicus
- Phèdre

ROUSSEAU
- Confessions

ROSTAND
- Cyrano de Bergerac

ROWLING
- Harry Potter à l'école des sorciers

SAINT-EXUPÉRY
- Le Petit Prince
- Vol de nuit

SARTRE
- Huis clos
- La Nausée
- Les Mouches

SCHLINK
- Le Liseur

SCHMITT
- La Part de l'autre
- Oscar et la Dame rose

SEPULVEDA
- Le Vieux qui lisait des romans d'amour

SHAKESPEARE
- Roméo et Juliette

SIMENON
- Le Chien jaune

STEEMAN
- L'Assassin habite au 21

STEINBECK
- Des souris et des hommes

STENDHAL
- Le Rouge et le Noir

STEVENSON
- L'Île au trésor

SÜSKIND
- Le Parfum

TOLSTOÏ
- Anna Karénine

TOURNIER
- Vendredi ou la Vie sauvage

TOUSSAINT
- Fuir

UHLMAN
- L'Ami retrouvé

VERNE
- Le Tour du monde en 80 jours
- Vingt mille lieues sous les mers
- Voyage au centre de la terre

VIAN
- L'Écume des jours

VOLTAIRE
- Candide

WELLS
- La Guerre des mondes

YOURCENAR
- Mémoires d'Hadrien

ZOLA
- Au bonheur des dames
- L'Assommoir
- Germinal

ZWEIG
- Le Joueur d'échecs

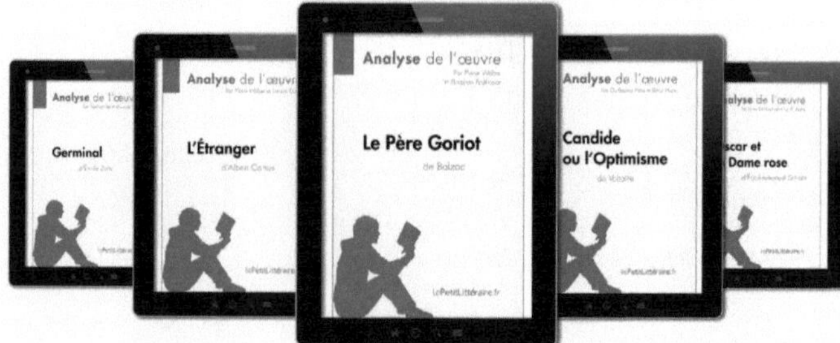

L'éditeur veille à la fiabilité des informations publiées, lesquelles ne pourraient toutefois engager sa responsabilité.

© **LePetitLittéraire.fr, 2017. Tous droits réservés.**

www.lepetitlitteraire.fr

ISBN version numérique : 978-2-8080-0616-3
ISBN version papier : 978-2-8080-0617-0
Dépôt légal : D/2017/12603/854

Avec la collaboration d'Ariane César pour l'étude des personnages d'Araminte et de Dorante, ainsi que pour les chapitres « Corriger les mœurs par le rire » et « L'écriture ».

Conception numérique : Primento, le partenaire numérique des éditeurs.

Ce titre a été réalisé avec le soutien de la Fédération Wallonie-Bruxelles, Service général des Lettres et du Livre.